WOŹNIAK

ENTRÉE DES ARTISTES

MISE EN SCÈNE

MARJORIE GUIGUE

let'swim to the moooooooon........
(J.Morrison)

Vincent Van Gogh

ROI des COULEURS, iL
iL a vécu en noir et blanc

A. Ami des TOURNESOLS iL
a arrêté sa vie
dans le champ plein de
blé, blé, blé ...
(et pourtant sans un sou)...

Exemple même de la de la
SOUFFRANCE D'ARTISTE...
Depuis, depuis les gens pensent
que pour ÊTRE ARTISTE, iL
SUFFIT de SOUFFRIR, c'est pour
ÇA qu'on A PEU de GRANDS
ARTISTES mais beaucoup
de GRANDS SOUFFREURS.
iL Y A ÉÉÉGALEMENT DES CAS
isolés de GENS QUI, POUR DEVENIR
ARTISTES, SOUFFRENT AVEC DE la
JOIE JOIE JOIE JOIE JOIE.

CENt

Monsieur Van GOGH
VINCENT ...

IL a traversé la VIE
à L'ENVERS ..... tout,
TOUT a vraiment com com
commencé après sa MORT

NATURELLE PAR BALLE ←
LUI, LUI qui a été re
rejeté toute SA VIE,
EST DEVENU TOUT D'UN
COUP FRÉQUENTABLE UNE FOIS ENTERRÉ

(FREAK OUT - COMMMME DIRAIT
FRANK ZAAAAPA)

"UN"

UN SEUL CHIFFRE À RETENIR:
UN! (1) IL A VENDU UN
SEUL TABLEAU DE SON
VIVANT

Vincent

HANS CHRISTIAN
ANDERSEN

IL NOUS A FAIT PLEURER et PLEURER. IL NOUS A FAIT DOUTER et DOUTER, IL NOUS A FAIT GRANDIR et GRANDIR D'UN SEUL COUP. IL A A A NOTRE BOUSCULE ENFANCE, IL A BERCÉ NOTRE VIEILLESSE.....

LE PEUPLE EST NU!

THE BEAT
Ye! Ye! Ye!...
Magical

LES
Histeric Tour

Grâce à EUX la MUSIQUE
PopulAiRe est devenue
POP - ye! ye! ye! ☆ De HA...
HAMBOURG PAR CAVERN
de LIVERPOOL et et via
Le MONDE - ILS ONT TRAVERSÉ
Abbey ROAD ...
The BEATLES ONT EXISTÉ
10 ANS, BEATLMANIA
CONTINUE CONTINUE BIEN
WITHOUT EUX...
DE L'IVRESSE de
LA JEUNESSE AUX
MÉDITATIONS MÉDITATIONS
TRANSCENDANTALES AVEC OU
MALGRÉ MAHARISHI MAHESH
Yogi - ALL YOU NEED
IS LOVE ! Yes, Yes, Yes -
♥ ♥ ALL YOU NEED.
ALL YOU NEED IS ♥♥
LOVE ! L'EVIDENCE
MÊME, MAIS IL FALLAIT
Y penser... ♥♥♥
LOVE, LOVE, LOVE

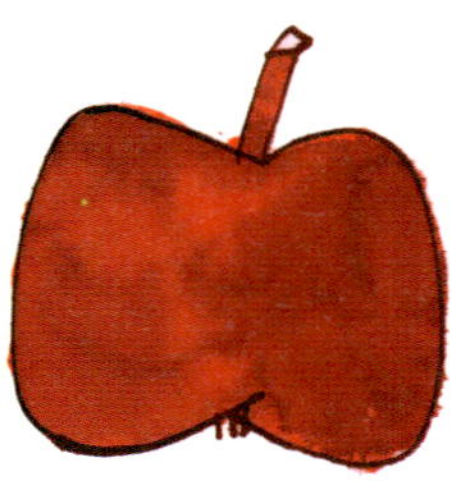

Jean de la Fontaine

il écoutait les renards,
les loups, les cigognes,
les cochons, les cigales
et les fourmis, les les,
les tortues, les lièvres,
les papillons, les ânes,
les ours, les cheeeenilles,
les écureuils, les écrevisses,
les lynx, les limaces, les
les champignons et et les
chauves-souris. IL SAVAIT
PARRRRLER AUX CORBEAUX.
MAIS..LE PAUVRE IL NE SA..
SAVAIT PAS MURMURER
AUX OREILLES DES CHEVAUX...

MILES DAVIS MILES DAVIS MILES
DAVIS MILES DAVIS MILES DAVIS
MILES DAVIS MILES DAVIS MILES

Jamais ♥ Jamais un ARTISTE NOIR n'était si
si NOIR et si allumé que lui (lui)

UNE PEARL NOIRE au CHARACTER CHARA-
-CHARACTÈRIEL.. GRAND PARMI
Les les PLUS PLUS GRANDSsss...
CHARLIE BIRD PARKER, DIZZY GILLESPIE,
MAX ROACH, COLEMAN HAWKINS ★★
THELONIOUS MONK
BUD POWELL, SARAH VAUGHAN,
BILL EVANS, SONNY ROLLINS, ART BLAKEY,
CHARLIE MINGUS, ORNETTE COLEMAN,
JOHN COLTRANE, CANNONBALL ADDERLEY,
DON CHERRY, CHARLIE HADEN, GIL EVANS,
GEORGE BENSON, JOE ZAWINUL, JOHN LEE HOOKER...
KEITH JARRETT, RON CARTER, HERBIE HANCOCK
JOHN McLAUGHLIN, CHICK COREA, MUDDY WATERS...
ILS ONT TOUS JOUÉ AVEC - WITH LUI...
JE VOUS AI BIEN PRÉVENUS PRÉVENUS ...
GRAND PARMI LES PLUS GRANDS.

SI SEULEMENT JE POUVAIS PARLER

DON QUICHOTTE

(and SANCHO PANCHA)
– AUSSI
LE HÉROS IMAGINAIRE et
POURTANT BIEN BIEN RÉEL
(IMAGINEZ-VOUS LA VIE SANS
DON QUICHOTTE ? ALORS ?!!)

DON QUICHOTTE

& SANCHO PANCHA ...
PAS SI FOU QUE QUE ÇA
(QUE PASÓ ?) SELON
des SOURCES ANONYMES
iL est parti EN GUERRE
NON PAS CONTRE LES MOULINS
À VENT MAIS CONTRE
Le VENT ! et TOC! TOC!
TOC!
(QUI EST LÀ ?)

KLIMT.
Monsieur KLIMT
L'ARtiste qui a re-
réussi à MARIER
la TRADITION et
LE NOUVEAU -
tout EN RESTANT
MODESTEMENT de
DÉRANGÉ
SES PEINTURES
ONT ANNONCÉ
LES LES CHANGE-
CHANGEMENTS
KLIMATIQUES
DE L'ART du
XXe SIÈCLE.
DU NOUVEAU
YES!

Avec L'AIDE de de
SES COULEURS IL A
CHANTÉ LA BE.BE
BEAUTÉ dES
FEMMES - TOUS
LES HOMMES LUI
SONT RECONAISSANTS
MERCI GUSTAV

JANIS JOPLIN

LA **SOUL** du **BLUES**
et LA LÂME FINE du ROCK
DESCENDANTE directe
d'**ODETTA** - une cha..
chanteuse NOIRE, donc
poussée dans L'OMBRE☆.
JANIS a suivi LE TRA
TRAJET TRAGIQUE de
BILLIE HOLIDAY à la
lettre, MAIS ELLE N'A
PAS LAISSÉ de LETTRE d'
d'ADIEU ... COMME JIMI
JIMI HENDRIX, SA CA..
SA CARRIÈRE A ECLATÉ
A. MONTEREY FESTIVAL -
ELLE EST MORTE TOUT COMME
LUI EN 1970.
TRY BABYYYY **CRY**

BALZAC

HONORÉ - L'honneur de la Littérature, il a hoho honoré les dAMES MAIS pas SES DETTES...

CEZANNE OUVRE TOI!!
PAUL
CEZANNE
VIVALDI
VIVALDI
VIVALDI
VIVALDI

Paganini

WOODY ALLEN ALIEN

L'homme qui voulait ee
être une éponge,
est de devenu la
PUB VIVANTE pour SSSS
Sigmund FREUD -
bien mort
DEVENU CÉLÈBRE
GRÂCE à SES SES
DÉBOIRES conjugaux
(MIA FARROW CONTRE
0:1
WOOOODY ALIEN !
IL NOUS FAIT RIRIRIRE
avec SES FILMS et
SON JEU DE
CLA.. CLARINETTE

Howgh !

WOODY ALLEN

JAMAIS SANS MA FILLE
AU HELP !
C'EST PAS DRÔLE

CABU dessine même dans sa poche,
son crayon le guide à l'aaaaveugle et pourtant il ne lllloupe
jamais sa cible sa cible

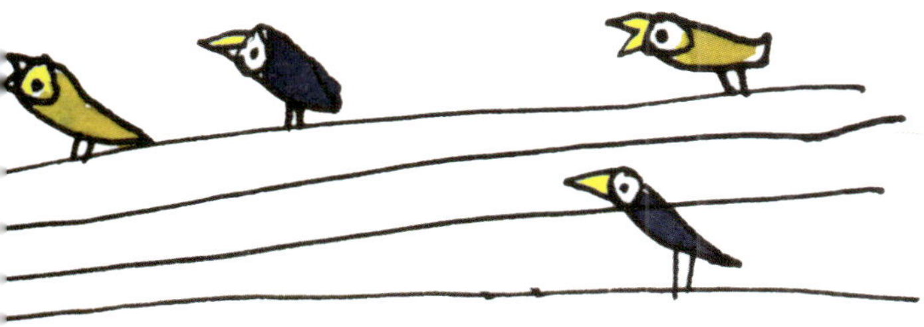

JACK LONDON

JACK LONDON

SWINGING LONDON – L'AVENTURIER, NOUVELLISTE, JOURNALI. JOURNALISTE.

IL A VERY MUCH RAMÉ POUR PUBLIER SES TEXTES – UNE UNE FOIS LE SUCCÈS A A ARRIVÉ IL L'A TUÉ TUÉ.

AYANT VÉCU ET SURVÉCU À L'ALASKA. A LA FIN DE SA VIE IL A SOUFFERT DE L'ANGOISSE DE LA FE… FE FEUILLE BLANCHE…

GRAND HOMME de NEIGE
GRAND HOMME
Petite Neige

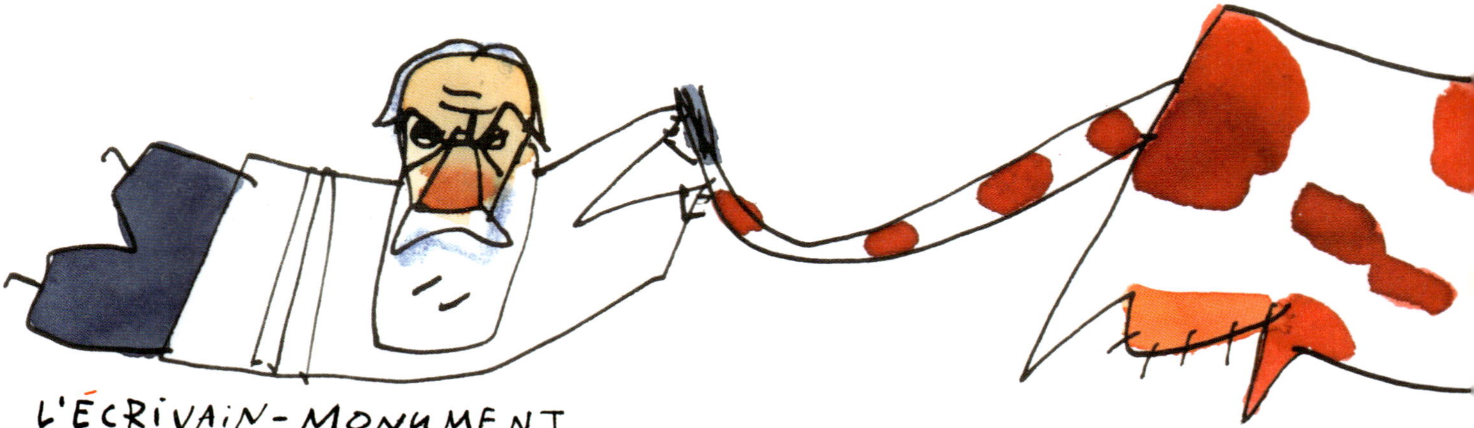

L'ÉCRIVAIN-MONUMENT
MONUMENTAL TAL ..
RUSSE et ROBUSTE ...
IL A SU VIVRE
ASSEZ LONGTEMPS
POUR DÉCLENCHER ...
"LA GUERRE" et finir
en "PAIX"...
UNE GRAAAAANDE PLUME
LEGÈRE..

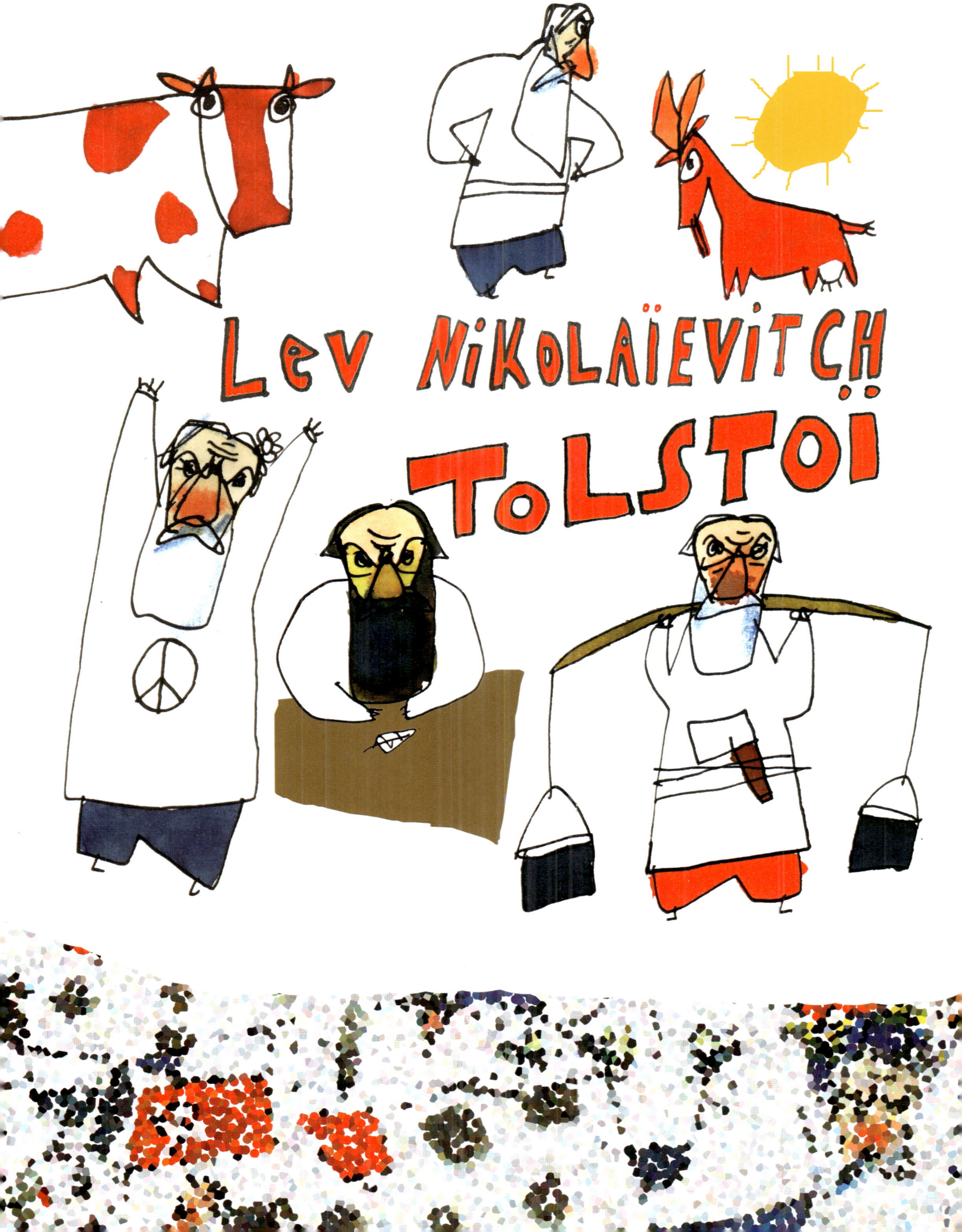
Lev Nikolaïevitch
Tolstoï

ARCHIE SHEPP . MAN QUI EST TOUJOURS EN EN
REEEEEEEETARD MAIS EN AVANCE SUR
SUR SON TEMPS TEMPS ...

SI VOUS AVEZ UN RENDEZ-
VOUS MANQUÉ AVEC
LUI LUI ,
VOUS POUVEZ DODO...
DORMIR TRANQUILLE
CAR IL LE
FAIT AUSSI...
SEUL MOYEN
C'EST DE LE
VOIR CHEZ LUI
SI SI SINON
2 HEURES
D'ATTENTE....
ET WHY IL EST
TOUJOURS EN
RETARD ??

La RÉPONSE: IL IIY A 50
ANS ENVIRON, JEUNE
ARCHIE, HEWANT EEE
ÉCOUTER CHARLIE BIRD
BIRD PARKER, QUI
LUI, est ARRIVÉ avec
2 HEURES 03 MINUTES
DE REEEETARD.
"SI VOUZ M'AIMEZ
VOUS ATTENDEZ"
VOILA VOILA
LA FIN DE MYSTÈRE.
LA SUITE de LA
RUBRIQUE DAAANS
QUELQUES MOIS
SI SI VOUS
M'AIMEZ

Do Re Mi Fa Sol Mo Ne Tte .....

'ROUND ARCHIE

KAFKA

- personnage tellement kafkaien Que même LES CORBEAUX (CRÔA CRÔÔA CRRÔA...) SONT DE... DÉSORMAIS DÉSORIENTÉS...

L'homme complexe plein de COMPLEXES...

A force de ses mots, MONSIEUR KAFKA A A A MIS SUR LE DIVAN PSYCHANALYTIQUE, LA MOITIÉ DE L'HUMANITÉ, LA DEUXIEME MOITIÉ IL L'A MISE À NU NU... ET LA TROISIÈME À SES PIEDS

LOVELY KAFKA...

(Aimez vous KAFKA FRANZ ? - RÉPONDEZ IMMÉDIATEMENT PAR UN OUI, OUI.)

KAFKA - LA CHOUCAS EN TCHÈQUE PROFOND ...yes...

MILENA REVIENS PAR HASARD S.V.P
SES Lettres à MILENA
SONT SONT INHUMAINES
PAR LEUR HUMANISME
PURES, PURES, (PROUT... PROUT...)
ABSOLUTELY DRÔLES-
APRÈS LA LECTURE VOUS
DESCENDEZ IM IM IMÉDIATEMENT
VOIR EST CE QUE DANS VOS BOITES
À LETTRES IL N'Y A PAS UN
MESSAGE DE FRANZ POUR VOUS
LOVELY KAFKA...

EGON SCHIELE

EN VOL PLANÉ IL A
SURVOLÉ SES MO
MODÈLES EN VOL
STATIONNAIRE IL A
SURVOLÉ SES PAYS.
PAYSAGES, IL N'A
PAS SUR SURVÉCU À
LA GRIPPE ESPAGNOLE.
MORT
À 28 ANS (28) TELLE
UNE **PUNK STAR**
IL A LAISSÉ EN
DEUIL SON GÉNIE
ABANDONNÉ...

Bô
Bob DYLAN

WHY Jean PAUL II a voulu rencontrer "...L'HOMME qui a frappé aux portes du PARADIS?" ON ne SAIT PAS ce qu'ils ont trafiqué tous les DEUX - MAIS ils ont eu l'air plûtôt SATISFAITS.

ET POURTANT il n'y a pas de mystère mystérique Si Si BOB a efffff effectivement frappé aux PORTES C'EST QU'IL NE CONNAIT PAS le LE MOT DE PASSE - Lui NON PLUS HÉLAS...

L'INTELLECTUEL du ROCK, GRÂCE GRÂCE à Lui Les textes des chansons sont dddevenus des textes tout COURT, DONC COMME DIT Keith Richards THANK'S BOB

I WAS KNOCKING ON HEAVEN'S DOOR, BUT... NOBODY HERE!

Henri ROUSSEAU, ROUSSEAU Le DOUANIER

PEINTRE du DIMANCHE à BAMAKO, il N'a JAMAIS QUITTé LA FRANCE - MAIS LA LA JUNGLE était SON UNIVERS

IL IL IL VIVAIT à LA LA LA FRONTIÈRE ENTREEE LE RÉEL et L'IMAGINAIRE

UN JOUR, OU UN SOIR SELON LA VE VERSION, IL A DÉCLARÉ à à à PICASSO : " Nous, Nous SOMMES TOUS LES DEUX LES PLUS GRANDS PE.. PE.. PEINTRES de NOTRE TEMPS - Toi DANS LE GENRE ÉGYPTIEN MOI DANS LE GENRE MODERNE"

AFTER SA MORT APOLLINAIRE a écrit :
« GENTIL ROUSSEAU, TU NOUS ENTENDS, NOUS te SALUONS... LAISSE PASSER NOS BAGAGES EN FRANCHISE À LA PORTE DU CIEL. NOUS T'APPORTERONS DES PINCEAUX, DES COULEURS, DES TOILES, AFIN QUE TES LOISIRS SACRÉS DANS LA LUMIÈRE RÉELLE, TU LES CONSACRES À PEINDRE COMME TU TIRAS MON PORTRAIT FACE AUX ÉTOILES... »

JIMI HENDRIX

EXPÈRIENCE en plus...

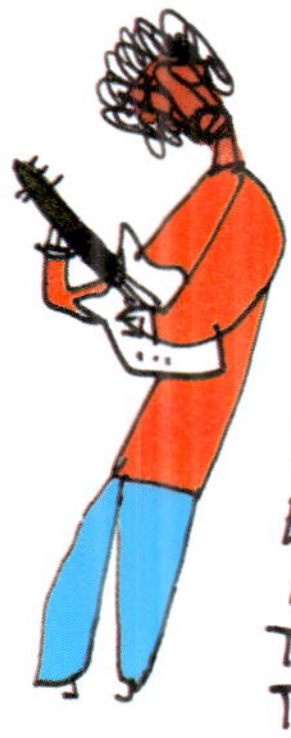

N'importe quelle guitare se transformait dans ses Mains en BOIS ENCHANTÉ...,
N'importe quelle guitare élél ELECTRIQUE se transformait dans ses MAINS en TRANSFORMATEUR DE L'HAUTE HAUTE TENSION... **N'IMPORTE** QUELLE femme entree ses Mains, se TRANSFORME EN **ELECTRIC LADYLAND...**

MALGRÉ

MALLLLLLGRÉ SES EXPÉRIMENTATIONS **MUSICALES**, PERSONNE NE LE CONSIDÈRE COMME UN CHERCHEUR MAIS PLUTÔT **COMME** le **TROUVEUR** ... yes....

SEX, DRUGS OR ROCK'N ROLL ...?

Si, **Si** dans la rue Vous CROISEZ DES PASSANTS bouche GRAAAANDE OUVERTE.. CE SONT LES GENS QUI JADIS ONT VU **JIMI** en CONCERT ET SI VOUS APPROCHEZ VOTRE OREILLE VOUS POUVEZ ENTENDRE UNE NOTE DE MUSIQUE...

PEACE AND LOVE JEGO DUSZY

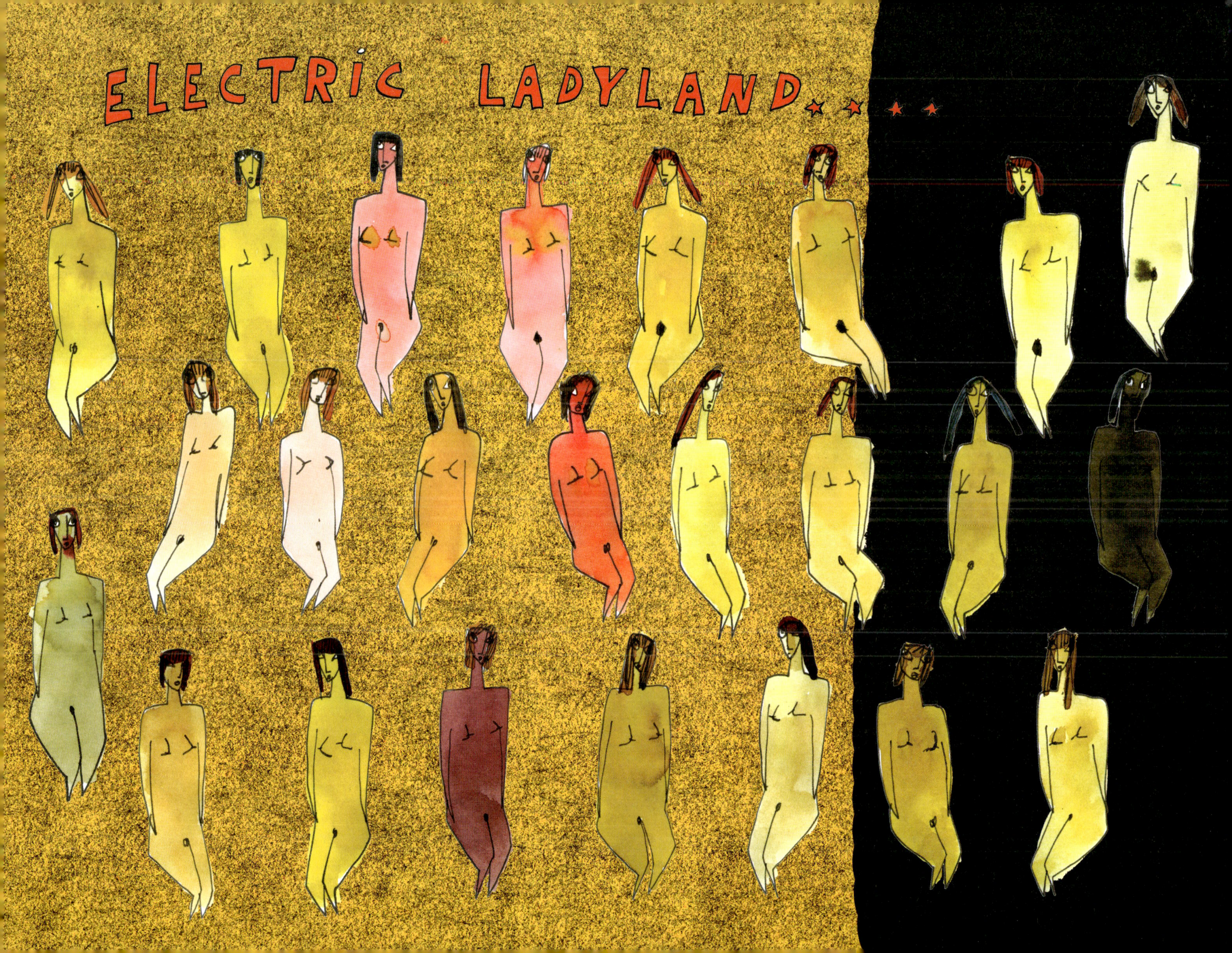
ELECTRIC LADYLAND...

ILS VOLENT NOS TERRES, ILS BOUFFENT NOS BISONS, VIOLENT NOS FEMMES. ET EN PLUS ILS DANSENT AVEC NOS LOUPSS!...

SAMUEL Beckett

DRAMATURGISTE dra dramatique, iL A ÉCRIT "GODOT" EN ATTENDANT SON HEURE de GLOIRE. ET CONTRAIREMENT à GODOT, Elle, Elle est venue ....

(ET SELON DE DESOURCES THEATRALES MONSIEUR GODOT est en RETARD EN ATTENDANT MADAME ....)

MAURICE BEJART MAJEUR
DANSE DANSE DANSE DANSE DANSE DANS DANSE...
EDGAR POE
IL SAVAIT TRA TRANSFORMER LES FAITS DIVERS BANALS EN FÊTE LITTÉRAIRE...

CHAGALL

L'ami des anges
et des VACHES,
il est devenu
L'ANGE lui même

VICTOR HUGO

VOLTAIRE

L'HOMME de LA CONNAISSANCE
QUE TOUT ÊTRE DOIT DOIT
CONNAÎTRE. IL A FAIT
GRIMPER GRIMPER LA
RÉFLEXION À LA VIT VITESSE
DE LA LUMIÈRE... ET hop! hop

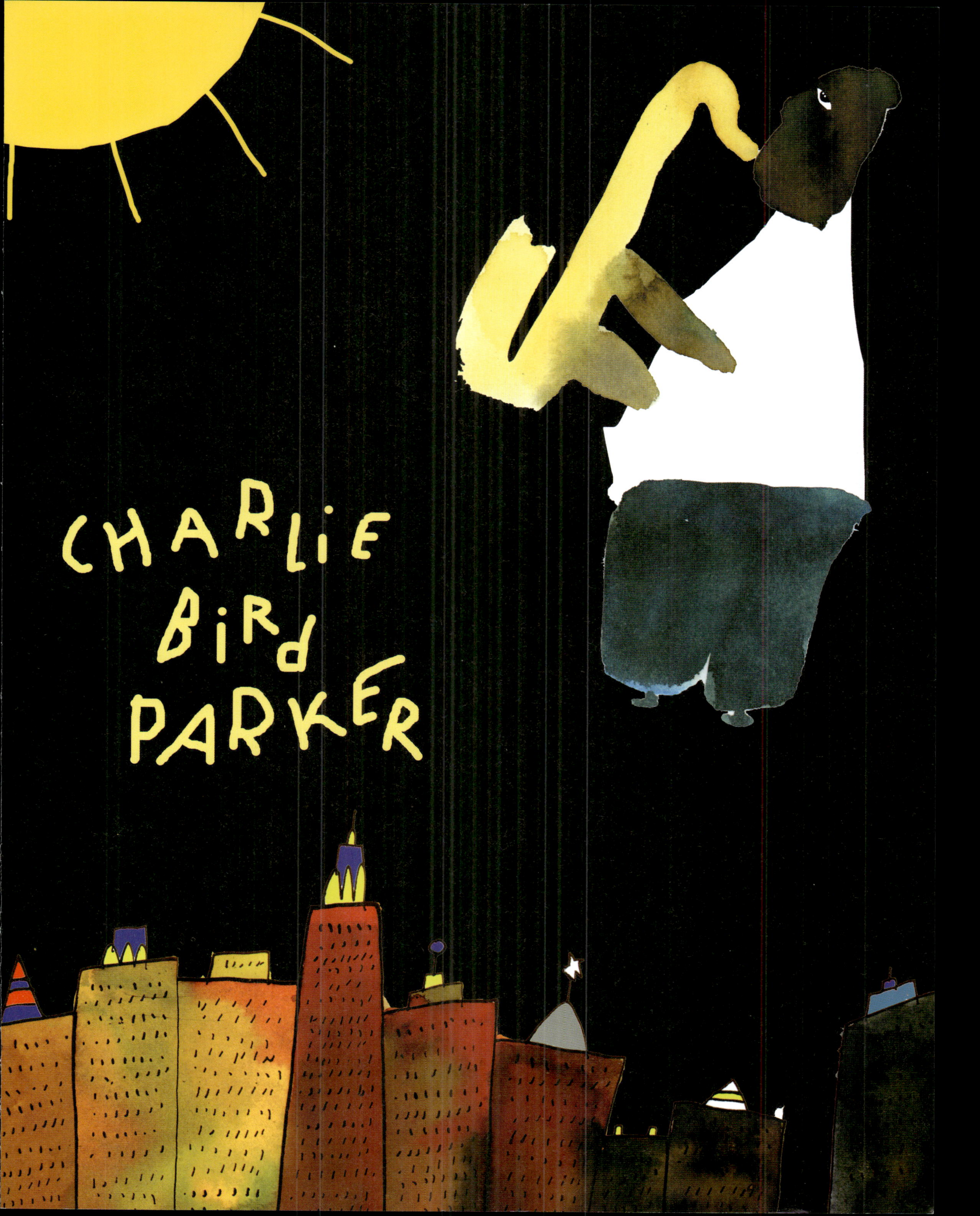
CHARLIE
BIRD
PARKER

Henri TOULOUSE LAUTREC

- LITTLE BIG ARTISTE -

il avait tout
pour pa.. passer
inaperçu - il a
loupé son son
coup - l'histoire
de l'ART l'art
l'a attrapé et et
retenu à touti
tout jaaaamais.

Le MOULIN ROUGE
tourne toujours
et raconte sssson
history aux
touristes tri tri
tristement tristes

MUSIQUE
SONNY ROLLINS

ROBERT PLANT
MANOUCHE

SouTiNe
SOUTINE
Peintre sauvage par
excellence S.V.P.
ÉCORCHÉ vif comme
LE CADAVRE d'UN
POULET pendu
Y'A DE
LA JOIE
SOLITAIRE. il ne
se mélange pas aux
gens, comme ses
COULEURS COLORS
QUI N'ONT PAS VOULU
SE MELANGER ENTREE
ELLES ELLES, euhg.. eugh

INGRES
Maître
Momomono
Monomaniacal
GIACOMETTI
L'HOMME QUI QUI A VU
L'HOMME QUI QUI MARCHE
EN MARCHE...

JOHN UND YOKO

UN COUPLE EXPLOSIF
EXPLOSIF. TWO VIRGINS - ET AND
ONE THING

JOHN WINSTON
LENNON, NON,

NON, NON À LA GUERRE,
NON À LA HAINE, YES
À L'AMOUR... ALL
WE NEED IS YOU...

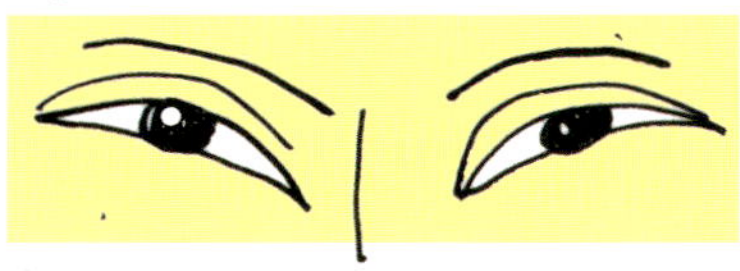

DE "SHE LOVES ME" À À À
"IMAGINE" - UNE VIE DE DE...
DÉBORDANT D'IMAGINATION
WORKING CLASS
HÉROS QUI N'A JAMAIS
REDOUBLÉ SA CLASSE
SOCIALE...

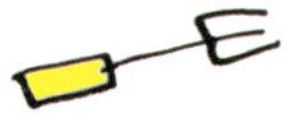

GIVE BED A CHANCE
LENNON
RÊVEILLE-TOI-ILS SONT DEVENUS
FLOOOUS..!

WILLIAM
SHAKESPEARE

Poète POÈTE POÔÔÔÈTE...
Poète qui a globalisé la
vision de LL'AMOUR AND DE
LA MORT ...
si L'AMOUR PEUT TUTUER,
LA MORT peut AIMER?
PEUT-on FAIRE HAMLET
SANS CASSER LES ŒUFS??...

Le film CULTE porté
sur le CULTE et sur
les épaules d'AKIRO
KUROSAVA...
le temps le temps
passsssssse - AKIRO
RESTE....
Les 7

SAMURAIS

Marcel Proust

IL ATTENDAIT TOUS LES SOIRS LE BISOU de SA MMMÈRE POUR S'ENDORMIR.
POUR LUI LA VIE EST UN LONG LIT TRA TRA TRANQUILLE...

FRA
MY FATHER WAS AN ITALIAN AND MY MOTHER OF INVENTION

NK ZAPPA

EVERYBODY TWIST
WHY?

VIVA ZAPPA
VIVA ZAPATISTES!

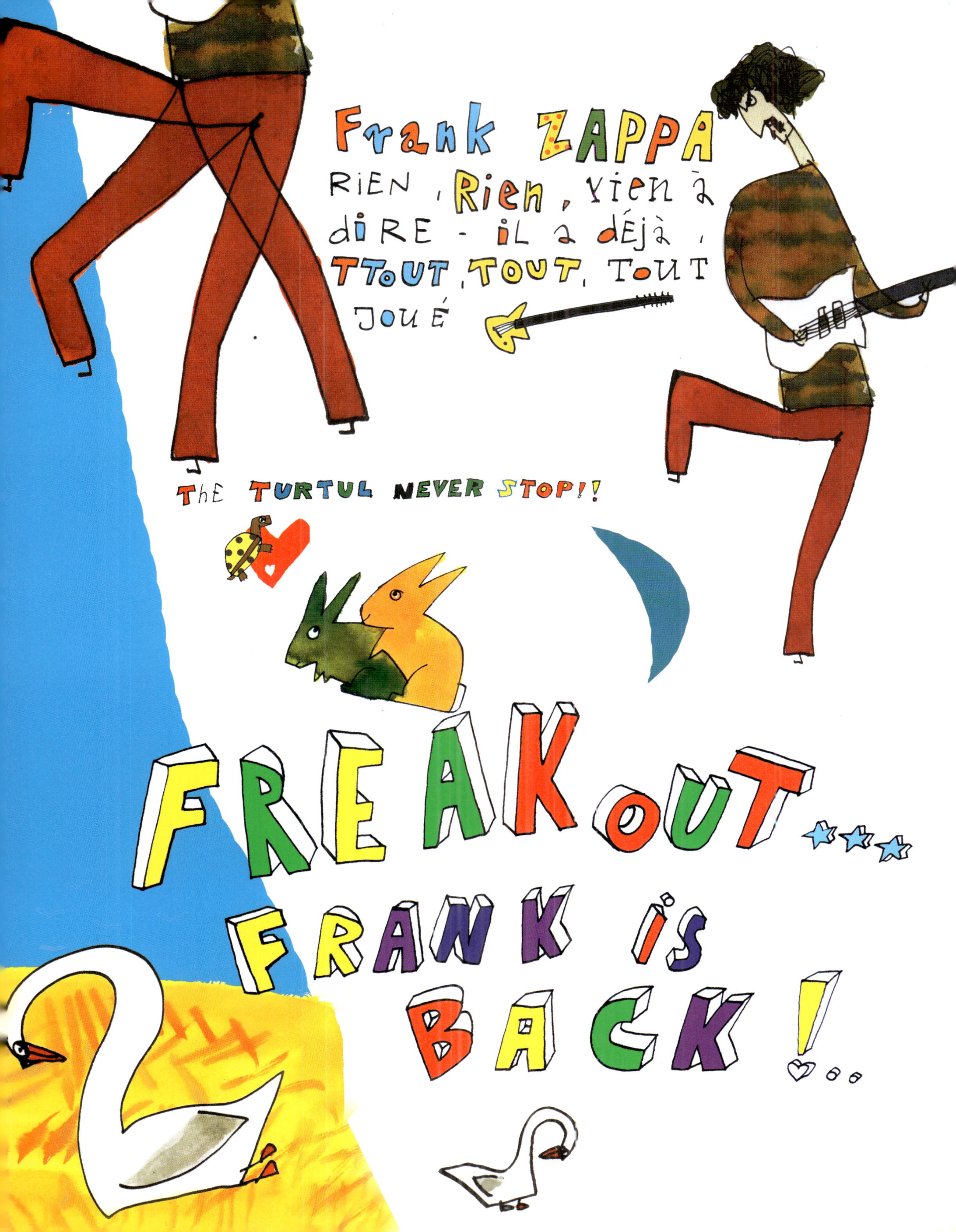
Frank ZAPPA
RIEN, Rien, rien à
diRE - iL a déjà,
TTOUT, TOUT, TOUT
JOUÉ
ThE TURTUL NEVER STOP!!
FREAKOUT...
FRANK IS
BACK!..

OSCAR
WILDE
QUI DIT MIEUX ?..

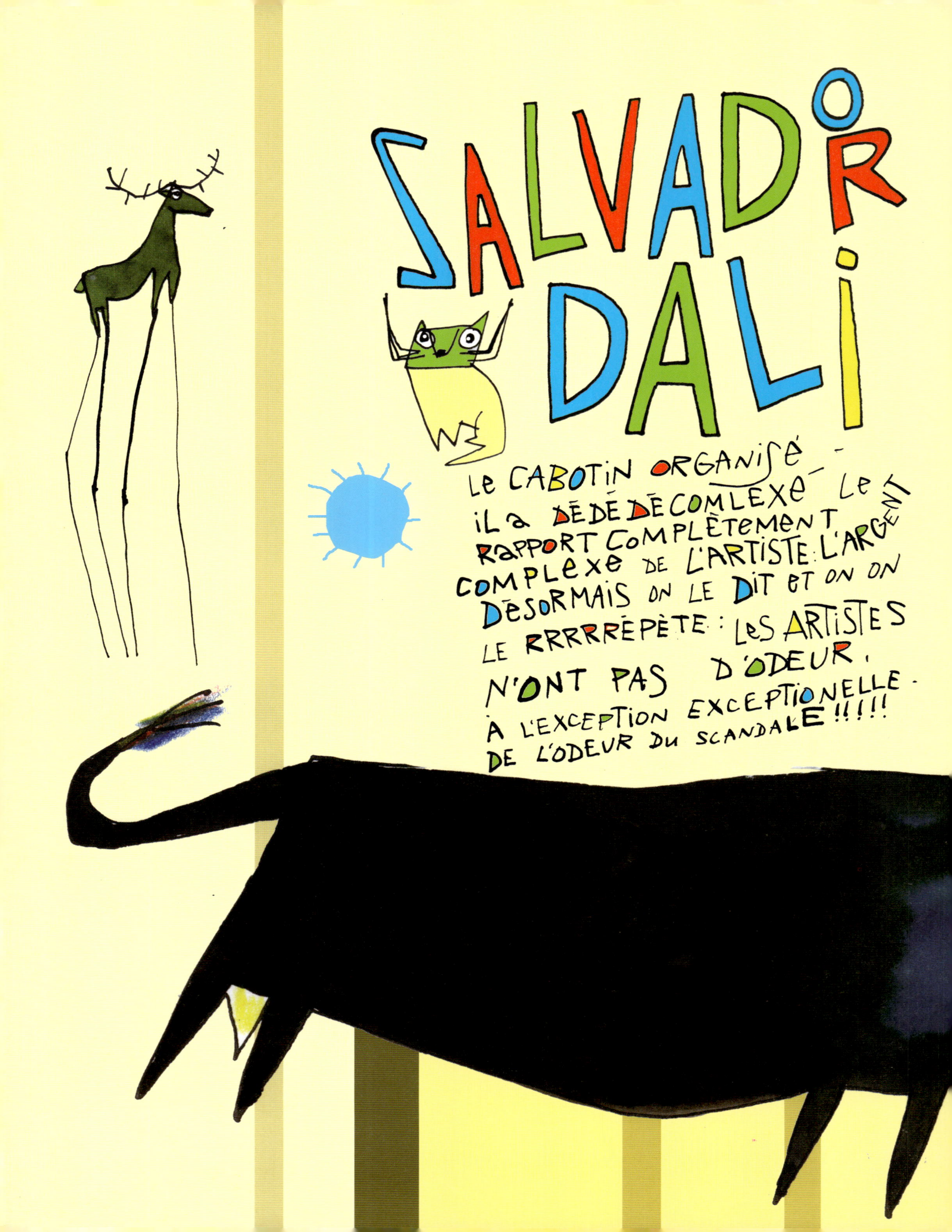
SALVADOR
DALI
LE CABOTIN ORGANISÉ -
IL A DÉDÉDÉCOMLEXÉ - LE
RAPPORT COMPLÈTEMENT
COMPLEXE DE L'ARTISTE : L'ARGENT
DÉSORMAIS ON LE DIT ET ON ON
LE RRRRRÉPÈTE : LES ARTISTES
N'ONT PAS D'ODEUR.
À L'EXCEPTION EXCEPTIONELLE.
DE L'ODEUR DU SCANDALE !!!!!

NIECH SZCZEZNA ARTYŚCI!
TADEUSZ KANTOR

GRAND NaVIGATEUR,
DÈS SA NA NAISSANCE
IL A NAVIGUÉ ENTRE La
CULTURE JUIVE ET ET
LA CU CULTURE
CHRÉTIENNE - DONC
EN POLOGNE.
SON THÉÂTRE CRICOT 2
A ENVAHI LE MONDE,
SA VI VISION DU MONDE
A ENVAHI NOS ESPRITS
AA Amen...

DZIŚ SĄ MOJE URODZINY
UMARŁA KLASA
KANTOR-son théâtre lourd a.a..apporté de l'oxygène ..
ON RESPIRE e encore...

BRUEGEL le VIEUX
- jeunE peintre mo mo moderne à tout jamais

ROLLING STONES
ROLLING STONES
ROLLING STONES
-Toc! Toc! Toc!
-Keith DIABLE?
-iT's ONLY ROCK'N ROLL
(AND He LiKES iT)
LeT iTiT BLEED

HONKY TONK WOO - MAN
BILL WYMAN
bassiste abandonné
TATTOO YOU

ROLLING
YOU CAN'T ALWAYS GET WHAT YOU WANT
BRIAN JONES
il a fondé theee
ROLLING STONES
mais jamais une
famille..;
IL NE SAVAIT
SAVAIT PAS NA
NAGER DANS LE
BONHEUR QUI
L'A TUÉ TUÉ....

STONES
MAUVAIS GARÇONS de DEVENUS Frek FREKANTABLES VOIRE IRAPROCHABLES GRÂCE À LEURS GARDES DE CO...DE CORPS.
DE THE BIGGER BANQUET à BIGGER BANG - ÇA ROULE POUR LESSS.. STONES...
ENENNTREE LES LÈVRES de SIR SIR JAGGER ET GRAND ECART de K Keith RICHARDS - UNE hhhistoire du ROCK.

ALFRED JARRY... il a parrcouru en vittesse vélonique la littérrature française et il y est resté à vie, même après sa mort. UBU ROYAL est reparti NULLE PART..
EFFECTIVEMENT, UBU C'EST MOI

MUNCH
EDVARD
CHAUD DEVANT, FROID FROM
FROM NORVÈGE, LE CRI de
LA MORT NOUS EMPORTE
ALL YOU NEED IS LOVE...
MUNCH!
MUNCH!

BilliE HOLiDAY

SOUTHERN TREES BEAR A STRANGE FRUIT
BLOOD ON THELEAVES AT BLOOD AT THE ROOT
BLACK BODY SWINGING IN THE SOUTHERN BREEZE
STRANGE FRUIT HANGING FROM THE POPLAR TREES..

Abel MEEROPOL

LADY DAY BY NIGHT

Paul GAUGUIN - toute sa vie à la à la
RECHERCHE du PARADIS.

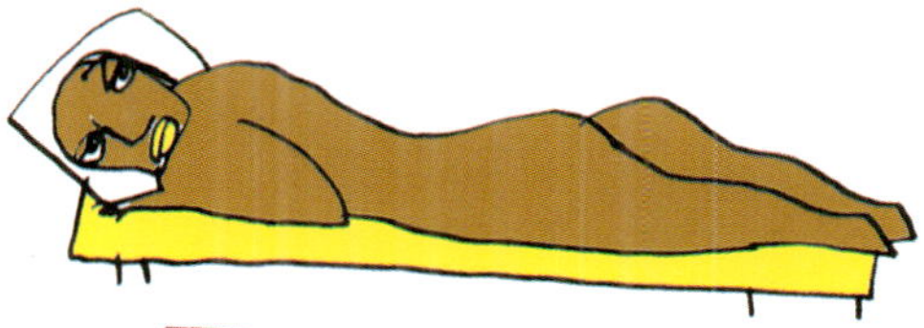

JAMAIS TROUVÉ

TOUT D'ABORD MARIN, PENDANT DES ANNÉES
IL A TRAVAILLÉ À LA BOURSE ENSUITE......
POUR FINIR DANS UNE TOMBE DANS L'île de HIVA-OA

ENTRE TEMPS IL A
ENCHANTÉ LES COULEURS
ENCHANTÉES ET NOUS AVEC★
À LA Recherche
DE LA LUMIEEERE...

IL A REPOUSSÉ REPOUSSÉ L'HORIZON
DE PONT-AVEN EN BRETAGNE, MARTINIQUE, ARLES-EN
BONNNNE COMPAGNIE de VAN GOGH, TAHITI ET
ENSUITE ÎLES MARQUISES
ENTERRÉ TRISTEMENT DANS L'OMBRE
DE LUI-MÊME...

Paul GAUGUIN

Rembrandt
Rembrandt
Rembrandt

LE Maître de l'obscurité a sorti L'ART DE l'ombre...

MAÎTRE qui a su sor..sortir L'ART de l'obscurité en plein l'ombre...
On ne SAIT PAS s'il se se RRRASAIT DEUX FOIS PAR JOUR OU DEUX FOIS PAR HEURE, MAIS ON SAIT QU'IL A LAISSÉ ENVIRON 70 AUTOPORTRAITS SUR TOILES, SANS COMPTER LES DESSINS, DESSEINS, DESSEINS, GRAVURES ET MIROIRS.... MIROIRS, MIROIRS...
Rembrandt Harmenszoon Van Rijn personnage énigmatique a éclairé son époque, mais malgré ça, à la fin de sa vie, il a sombré sombré sombré, dans l'ombre sombre. Même l'ASILE psychiatrique ne lui a pas été été épargné ....
VIVA REREMBRANDT....
et SASKIA A..A.. AVEC...
et les ASILES PSY PSYCHIATRIQUES...

MANU CHAO

(... petit cœur en voyage).

À BARCELONE - quand
vous venez voir MANU, il
faut DDD'ABORD TRAVERSER une
MULTITUDE DE PETITES RUELLES
REMPLIES des LUNATIQUES EN
PLEINE EXISTENCE * * *

VOUS VOILÀ chez MANU

, on SORT SUR

LA TERRASSE ÉNORME - AVEC vue
MAGNIFIQUE SUR le MONDE ENTIER
ET SUR LES AUTRES TERRASSES
ÉNORMES...

Et là, dans un coin il y a
un hamac, un HAMAC AMI
accroché d'un bout à la
cheminée du PÈRE NOËL et
à à LA LUNE de L'AUTRE...
IL FLOTTE SUR LE VENT
INE : INEXISTANT ET MURMURE
des CONTES. IL SOURIT,
SES YEUX brillent...
c'est MANU ...

(petit CŒUR au GRAND CŒUR en voyage)...

CHAPULIN CHAO
BIBIBINGO SHOW
INFINITA TRISTEZA
WELCOM.com TO TIJUANA
AKLI.D
EL VERITÀ SORT DE LA BOUCHE DU KABYLE MENTAL- DONC KABYLE À À LA MENTHE- TOUT FRAIS - COMME AU AU PREMIER JOUR DE LA PLEINE LUNE
Yeah... mon frère.
youpi ..ma sœur...
yes! L'ARTISTE...
ATTTENTION C'EST RAMON!!!

LOS MUSICARIOS

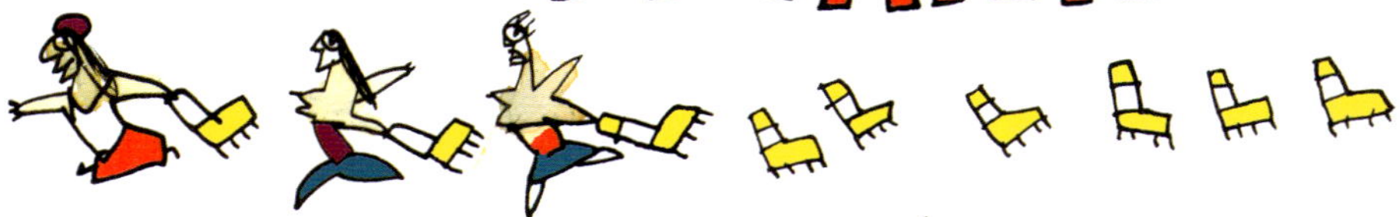

SI VOUS ENTENDEZZZ LE CRI "AU SECOURS"!
PRÉCIPITEZ-VOUS POUR ACHETER LES LES PLACES !
CAR CAR PEUT ETRE C'EST LA LA RUMBA
QU'ON ASSASSINE DANS UN BAR BAR
DU COIN EN FACE, EN FACE...
MANU CHAO EST DE RETOUR...

LA RUMBA EST ASSASSINÉE, TORTURÉE AND ET
RESSUSCITÉE... C'EST LA RUMBA
DE BARCELONA BARCELONA...

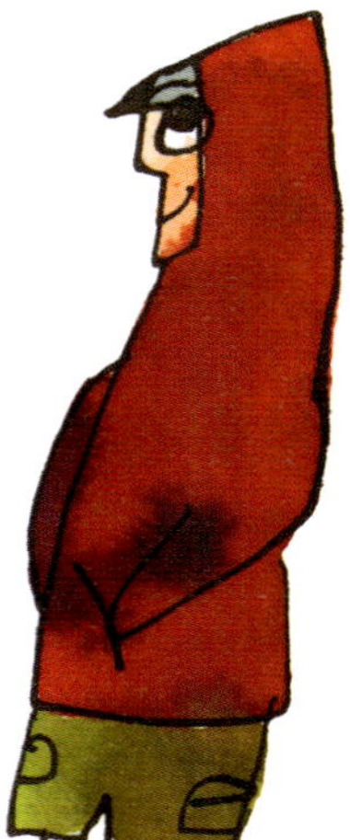

MANU EST UNE MANGOUSTE....
AVEZ VOUS VU UNE MANGOUSTE EN LUTTE CONTRE
LE COBRA, AVEZ VOUS LU KIPLING???
RIKI TIKI TAVI CONTRE NAYA-NAYA?

MANU-MANGOUSTE, PENCHÉ EN AVANT,
PRÊT PRÊT À L'ATTAQUE, IL VA TUERRR...
IL AVANCE AVEC DES PETITS PAS DE RUMBA, DANSE
AUTOUR DE SA VICTIME, VICTIME
ET IL CHANTE:

MANGOSTA LOS AVIONS, MANGOSTA TU
MANGOSTA VIAJAR, MANGOSTA TU
MANGOSTA LA MAÑANA, MANGOSTA TU

...

LOS MUSICARIOS SONT COMME LES LOUPS - EN BA BANDE ORGANISÉE

Le voici LE VOILÀ : MADJID

PLIÉ en deux - joue pour quatre!
ensuite.. PLIÉ en QUATRE - joue pour dix (10)
TUEUR ACHARNÉ IL MULTIPLIE les NOTES
COMME LES AUTRES MULTIPLIENT les PAINS...

MADJID - DIT "LE DOIGT" LE LE
LE DOIGT MANQUANT de de DJANGO,
DJANGO REINHARDT .....

CHAQUE OCCASSSION EST BONNE POUR
REMPLIR LE VIDE OCCASIONNÉ PAR PAR
LE PASSAGE DE TORNADE GAMBIT...
GAMBIT qui se BAGARRE AVEC SA CONTREBASSE
UNE LUTTE de TYTANS - À LA
FIN LA CONTREBASSE est bien et belle
K.O ET GAMBITO au BAR

ET AND Derrière tout cela..
DAVID - IL DONNE LE COUP DE
GRÂCE.. PAS DE PITIÉ. !!

DAVID TAPE LE RYTHME
COMME CERTAINS
TAPENT LES TAPAS: AVEC GOURMANDISE
UNE MACHINE ÀÀ RE-
REMONTER LE TEMPS ET
le MORAL AVEC AVEC...

IL Y a aussi des invités vo
VOLONTAIRES - le voilà SAM...
FILS D'AMADOU ET MARIAM ..IL
VIENT, IL CHANTE DEUX CHANSONS ET DI DI DI
DISPARAÎT SOUS LES BRAVOS....
BIENTÔT ENTOURNÉE de FILLES, de bières
, de filles pleines de bière et de bonne humeur

ET LE MEILLEUR N'A MÊME PAS COMMENCÉ..
LE CONCERTO EST AU DÉBUT DE VOTRE ÉTONNEMENT : LES MUSICARIOS deviennent
RADIO BEMBA RADIO BOMBA...
CAR MALGRÉ LES APPARENCES TOUT ETAIT
ACCOUSTIC ! - ET QUAND les ASSASSINS SORTENT LEURS GUITARES ÉLECTRIQUES ...
IL EST TROP TARD POUR SE SAUVER

ON A L'IMPRESSSSION QU'ILS ESSAIENT DE RETENIR LEURS GUITARES DE TOUTES LEURS FORCES - SINON ILS DÉCOLLENT AVEC...
UN MOMENT D'INATTENTION ET J'AI J'AI VU GAMBIT, MAJID ET MAMANUS SE COGNER LA TÊTE CONTRE LE PLAFOND QUI N'EST NI PLAT NI FOND ET AND COMME ON DIT AU MARIATCHI :

CHAPULIN
CHAO
BIBIBINGO
SHOW

WHY DRINK AND
DRIVE IF YOU
CAN SMOKE
AND FLY..

SI VOUS ENTENDEZ
LE CRI "AU SECOURS"
HELP,
NA POMOC
COUREZ RÉSERVER LES PLACES
PEUT-ÊTRE ON ASSASINE
LA RUMBA DANS UN BAR
DU COIN D'EN FACE...

MANU·CHAO

ULTIMA ESTACION
ESPERANZA
MANU CH.
LE CLANDESTINO
ÉTERNEL QUI QUI
N'A JAMAIS CA..
CACHÉ SES SE...
SES SENTIMENTS..
E ET.ET
VOUS
VOUS LE SAVEZ
BIEN - Manu a
été sauvé par
LES VACHES

AMADOU & MARIAM
am.. Am.. AM..

La COLiFATA
UN COUPLE FROM
MALi DÉSESPÉRÉMENT
SiMPLE SiMPLE.
PORTÉS PAR L'AMOUR
iLS NE TOUCHENT PAS
LA TERRE - NOS CŒURS
Si... SiMPLEMENT Si
DE MARiATCHi via
VAKA LOKA a...a...au
BABEL zdag zdag
LES VACHES Retiennent
Le SOUFFLE ET LA
LA LA ViE RESPiRE...
CAR
Les Abeilles le
savent bbien
MANUS... S. SERA
TOUJOURS SAUVÉ
PAR LES VACHES
ULTiMA ESTACiON
ESPERANZA

LE TITRE, S.V.P "ENTRÉE DES ARTISTES"
A ÉTÉ TROUVÉ PAR JEAN MARIE KERLEROUX
– VERY MERCI...

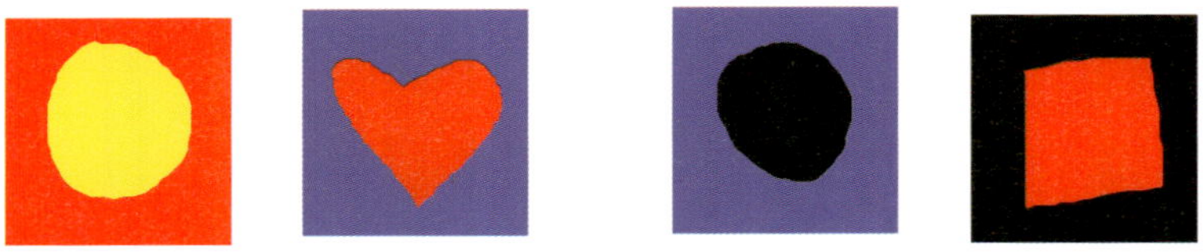

MARJORIE GUIGUE –
ELLE A MIS EN PAGE LES
DESSINS. ELLE A CRÉÉ
LES TEXTURES, ELLE
A DONNÉ L'ÂME À A
CE CE LIVRE –
MÊME... MERCI MA. M
MA MARJORIE...

S.V.P
S.V.P, S.V.P...

NE ME DEMANDEZ PAS PAS
S.V.P : "OÙ SONT DONC
PASSÉS – MOZART, PINK FLOYD
PICASSO, BACH, FACTEUR CHEVAL,
CHAPLIN, M. MONROE, I WANT TO
HOLD YOUR HAND, B.B. KING, LEO FERRE,
U2, TYTIAN, L'ART PREMIER, DEGAS
GOYA, JOHN COLTRANE, SANTANA,
MAMAS AND PAPAS, MOLIÈRE, CHOPIN
ROYAL DELUXE, MUDDY WATERS,
THEATRE DU SOLEIL, BRAVE SOLDAT
SWEIK, FELLINI, LAST POETS, 2 PACKS,
LED ZEPPELIN, RUBENS, LAYLA,
BLUES BROTHERS, DR. JOHN, NINA
SIMONE, ELLA FITZGERALD, BREL
BOB MARLEY BOB MARLEY
LEONARD COHEN, JIM MORRISON,
BUENA VISTA SOCIAL CLUB, DON CHERRY,
LOUIS ARMSTRONG, FOLON, APOLLINAIRE,
RIMBAUD, NADAR ET ET ET ENCORE
AND MORE ET JESZCZE WIĘCEJ...
... NE DEMMMANDEZ PAS ILS
SONT DÉJA DANS LE PROCHAIN LIVVVRE
J'ESPÈRE...

EN CACHANT
MES ÉMOTIONS...

MERCI...

À ÀÀÀÀ SUIVRE.......................................

Achevé d'imprimer en octobre 2006
Sur les presses du **Groupe Horizon**
Parc d'activités de la plaine de Jouques
200, avenue de Coulin
13420 Gémenos – France

Pour le compte des Éditions Ramsay
Imprimé en France Dépôt légal : octobre 2006 N° d'impression :0607-009 ISBN : 284-114-830-0

Couverture: Marjorie Guigue